Religion

SAINT-SIMONIENNE.

Eglise de Castelnaudary.

Enseignement populaire.

L'Age d'or, qu'une aveugle tradition a placé jusqu'ici dans le passé, est devant nous.

CASTELNAUDARY,

DE L'IMPRIMERIE DE LOUIS GROC, LIBRAIRE.

Juin 1832.

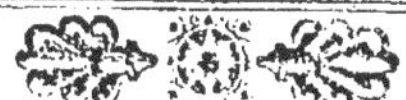

RELIGION
SAINT-SIMONIENNE.

RELIGION
SAINT-SIMONIENNE.

Eglise de Castelnaudary.

ENSEIGNEMENT POPULAIRE.

CASTELNAUDARY,
De l'Imprimerie de Louis Groc.

JUIN 1832.

Imprimé à 1000 Exemplaires.

RELIGION
SAINT-SIMONIENNE.

EGLISE DE CASTELNAUDARY.

> A tous, sans exception, Education dans leur jeunesse, Etat ou fonction dans leur virilité, et Retraite dans leur vieillesse.

PREMIER ENTRETIEN.

FRANÇOIS.

Parbleu, nous vous trouvons fort à propos, maître Jacques, vous êtes, de tout le village, l'homme le plus capable de nous éclairer sur cette question.

MAÎTRE JACQUES.

De quoi s'agit-il, mes amis?

FRANÇOIS.

Notre Curé a dit en chaire, et chacun de nous l'a bien entendu, qu'on voulait établir une religion nouvelle; que son fondateur, appelé Simon ou Saint-Simon, était un fou, un extravagant; que ses disciples étaient des ambitieux qui *vivaient dans la crapule* et illuminaient les autres pour avoir leur fortune. Il nous a dit ensuite qu'ils voulaient la communauté des biens, et puis, le croiriez-vous, maître Jacques, la communauté des femmes. Oh! pour le coup vous conviendrez que c'est trop fort. Dam! c'est que nous sommes délicats sur ce chapitre-là.

MAÎTRE JACQUES

(Riant).

FRANÇOIS.

Vous pensez bien, maître Jacques, qu'une telle religion est ridicule, aussi M. le Curé nous a-t-il déclaré franchement, et je suis de son avis, que cette religion ne pourrait faire de grands progrès parce qu'elle était basée sur des principes tout-à-fait vicieux.

MAÎTRE JACQUES

(Riant plus fort).

FRANÇOIS.

Qu'avez-vous donc, maître Jacques? Que signifie cette manière de rire aux éclats; sans doute nous ne savons pas tout ce que vous savez, nous n'avons pas appris pendant dix ans notre latin, ni assisté aux séances du conseil municipal de notre village; mais nous avons du bon sens et nous ne souffrirons jamais.....

MAÎTRE JACQUES.

Eh, mon ami, laisse-moi rire tout à mon aise, je te répondrai ensuite.

FRANÇOIS.

Dans ce cas là, nous allons faire chorus avec vous.

MAÎTRE JACQUES.

Je vois, mes amis, qu'on vous a induits en erreur; on a abusé de votre ignorance pour vous faire croire des choses tellement absurdes, qu'en vérité... je crois que je vais recommencer à rire de plus belle. Ah çà, mes enfans, écoutez: je sais de quoi il s'agit, des entretiens fréquens que j'ai eus avec un de mes amis Saint-Simonien et que vous connaissez tous, M. B..., m'ont mis à même de pouvoir vous donner quelques idées sur la religion Saint-Simonienne.

FRANÇOIS.

Comment, M. B... est Saint-Simonien, un partisan de cette nouvelle religion.

MAÎTRE JACQUES.

Oui, mon ami, cela t'étonne.

FRANÇOIS.

Mais c'est un si brave homme.

MAÎTRE JACQUES.

Raison de plus.

FRANÇOIS.

M. B. est riche et surtout généreux, il fait le plus grand bien à toute la commune. Celui-là n'est pas comme tant d'autres, il n'est pas fier avec nous, il nous parle toujours d'industrie, d'association, d'amélioration du sort de la classe la plus pauvre, et d'une infinité d'autres choses auxquelles, à vous dire vrai, je ne comprends presque rien. Je m'en veux d'avoir été si bête, d'avoir si facilement prêté l'oreille à toutes les sornettes de M. le Curé. Figurez-vous, maître Jacques, que c'était au point que je croyais que les Saint-Simoniens étaient d'une espèce différente de la nôtre. Ah s'ils sont tous comme M. B..., pourquoi n'aimerais-je pas des hommes qui cherchent à nous rendre plus heureux.

MAÎTRE JACQUES.

Voilà, mes enfans, comme l'on abuse de votre crédulité. On vous dépeint les disciples de Saint-Simon comme des cupides, des perturbateurs, et vous le croyez. Oh! mes amis, si vous saviez tout le bien qu'ils veulent vous faire, vous ne prononceriez leurs noms qu'avec amour et reconnaissance; vous baiseriez les mains de ces hommes qui s'exposent aux injures, aux persécutions, pour épargner vos sueurs, vous procurer une existence plus douce, plus agréable, et donner à vos enfans une bonne éducation.

FRANÇOIS.

Serait-il vrai tout ce que vous dites-là, Maître Jacques?

MAÎTRE JACQUES.

C'est à la lettre, mon enfant.

FRANÇOIS.

Oh comme M. le Curé nous a menti!

MAÎTRE JACQUES.

Dites qu'il s'est trompé; il est bon votre Pasteur, mais il partage à son insu peut-être tout ce que l'ignorance et la calomnie débitent sur le compte des Saint-Simoniens. S'il connaissait les intentions et les principes qui les dirigent, je ne doute point qu'il n'eût pour eux l'estime la plus profonde. Il est cependant vrai de dire que l'on voit quelques prêtres qui, oubliant les préceptes de l'Evangile que Jésus leur a enseignés, changent souvent leur chaire en tribune publique, et déversent l'injure et le mépris sur ceux qu'ils croient pécheurs, au lieu de leur tendre une main secourable et les ramener dans la bonne voie : écoutez attentivement ce que je vais vous dire. Vous avez presque tous appris de vos pères qu'il y avait autrefois des seigneurs, c'est-à-dire, des hommes privilégiés par leur naissance. Je me rappèle encore avoir vu la maison de votre maire habitée par le seigneur du village. Ces seigneurs avaient des droits que leur conférait la naissance. Par exemple, à l'église, dans toutes les cérémonies publiques, ils avaient la place d'honneur. Leurs serfs ou vassaux leur payaient des redevances. Le clergé avait aussi des droits, celui de la dîme, surtout, qui consistait à percevoir sans frais d'exploitation, la dixième partie des fruits de la terre.

FRANÇOIS.

Oh! je vous jure qu'aujourd'hui je me ferais hacher à morceaux, plutôt que de supporter de tels priviléges.

MAÎTRE JACQUES.

Tu aurais raison aujourd'hui, mais alors les fidèles payaient la dîme et autres droits de bon cœur, parce qu'ils avaient confiance dans leurs pasteurs qui les dirigeaient, les consolaient dans leurs peines, et les défendaient contre l'injustice des princes. De même les nobles se déclaraient les défenseurs des opprimés, ils se regardaient comme les patrons de leurs vassaux qu'ils aimaient; égaux aux yeux de Dieu, ils communiaient avec eux à la sainte-table. Mais lorsque ces deux institutions féodale et religieuse, loin d'être utiles aux hommes, devinrent oppressives; lorsque le serf, sentant sa dignité d'homme, se crut l'égal de son seigneur, non-seulement au spirituel, mais encore au temporel, alors on méconnut l'autorité des nobles et des prêtres; alors on osa porter l'analyse sur chacun de leurs actes. Des hommes qu'on appèle philosophes et que vous connaissez sans doute, car vous avez entendu parler mainte fois de Voltaire et de Rousseau, ces hommes qui étaient les flambeaux de leur siècle, voyant que ces institutions ne convenaient plus au peuple, leur déclarèrent une guerre à mort, éclairèrent les hommes sur leurs droits, les exaltèrent en leur répétant sans cesse qu'ils sont égaux et libres, que le clergé doit s'occuper du spirituel et non des affaires de ce monde, que la noblesse doit être personnelle et non héréditaire, et ces idées, jetées dans tous les esprits, y germèrent avec force, s'y développèrent avec la rapidité de l'incendie et emmenèrent la fameuse révolution de 89.

FRANÇOIS.

Pardon si je vous interromps; j'avais toujours entendu dire par notre magister, que la révolution était survenue à cause d'un déficit de plusieurs centaines de mille francs dans le trésor, occasionné par les folles dépenses de la cour.

MAÎTRE JACQUES.

Ces faits que tu cites ne furent que des circonstances bien accessoires; quoiqu'on en dise, la révolution, c'est-à-dire, un renversement social n'aurait pas eu lieu, s'il n'avait été préalablement senti et désiré par tous. Voici un exemple qui me survient fort à propos pour prouver ce que j'avance. N'est-il pas vrai qu'à la dernière guerre d'Espagne en 1824, guerre que tous les libéraux ont, avec raison, blamée, chacun disait : la cause de la liberté triomphera; toute la nation Espagnole se soulèvera ; vous connaissez tous le résultat de cette guerre; personne ne s'est ému au cri de liberté, et la révolution a échoué parce qu'elle n'était pas encore faite dans les esprits.

FRANÇOIS.

En France il n'en a pas été de même, notre révolution à produit les résultats les plus avantageux; elle nous a délivrés de la dîme, des corvées et d'une infinité d'autres droits qui pesaient sur le peuple.

MAÎTRE JACQUES.

Sans contredit, la révolution française a été belle, glorieuse : elle avait à détruire un ancien ordre de choses qui s'opposait aux progrès de l'humanité, et certes elle a accompli sa mission avec courage et persévérance. Mais il ne faut point se dissimuler qu'elle a été impuissante pour organiser un nouvel ordre social, pour arracher la classe la plus pauvre et la plus nombreuse, à la misère qui l'accable. Vous sentez fort bien que l'ancienne exploitation existe encore avec des formes, il est vrai, moins rudes, et c'est ce qui fait que beaucoup de personnes ne peuvent l'apercevoir. Car si le peuple ne supporte plus de corvées, de dîme ; si le ridicule a fait justice des hauts et petits barons, si l'impôt est également réparti entre tous ceux qui possèdent, n'est-il pas vrai que les oisifs jouissent, comme par le passé, des fruits de la terre que vous baignez de vos sueurs, et vous laissent à peine de quoi subvenir à vos besoins et à ceux de votre famille ; n'est-il pas vrai que c'est la classe la plus pauvre qui paie presque seule le plus horrible des impôts, celui du sang, car ses fils s'exposent à la bouche du canon pour sauver, moyennant une légère somme, la vie des fils des riches. Vous voyez donc qu'à l'aristocratie des titres a succédé d'une manière plus déguisée une nouvelle aristocratie, celle basée sur l'argent.

FRANÇOIS.

Comment, il y a encore des aristocrates ? La révolution a donc été impuissante contre eux ?

MAÎTRE JACQUES.

Je sens que j'ai besoin d'entrer dans quelques explications à cet égard. On appèle aristocratie une classe d'hommes jouissant de priviléges, d'avantages qui sont refusés à d'autres. Ainsi sous l'ancien régime, il existait une aristocratie nobiliaire, c'est-à-dire, de ces hommes qui, nobles par le seul fait de la naissance, pouvaient occuper les plus hautes places dans le gouvernement sans s'être rendus dignes de les bien remplir. Ainsi, pour ne vous cîter qu'un seul exemple, toi, Pierre, qui as fait toutes les campagnes de l'Empire, et qui as obtenu pour récompense de tes exploits les épaulettes et la croix d'honneur, si tu avais servi sous l'ancien régime, tu ne serais peut-être jamais parvenu au grade d'officier, parce qu'il était l'apanage des prétendus fils de famille. La révolution a fait cesser cet abus criant; elle a voulu que tous les Français fussent aptes à tous les emplois.

FRANÇOIS.

C'est très-raisonnable; mais pardon si je vous interromps une seconde fois, je voudrais vous faire une petite observation.

MAÎTRE JACQUES.

Parle, je t'y engage.

FRANÇOIS.

Vous dites que tous les Français peuvent aujourd'hui prétendre à tous les emplois; comment se fait-il que pas un seul de nous aît pu s'élever à un poste éminent, et que chacun, de père en fils, soit en quelque sorte destiné à labourer la terre.

MAÎTRE JACQUES.

Tu soulèves ici une question importante et que je ne pensais pas encore traiter. Mais puisque tu m'y conduis, je vais te satisfaire. Quand je dis que tous les citoyens sont aptes à tous les emplois, j'entends par-là qu'il faut qu'ils aient une fortune suffisante pour acquérir l'instruction nécessaire. Ainsi, aucun de vos enfans ne sera jamais ingénieur, juge, avocat, médecin, si vous n'êtes pas assez riche pour le faire étudier dans les diverses facultés.

FRANÇOIS.

De manière qu'aujourd'hui il faut être riche pour occuper un emploi, comme autrefois il fallait avoir des titres ?

MAÎTRE JACQUES.

Sans contredit; cependant il est vrai de dire qu'aujourd'hui il est plus facile de parvenir, parce que la richesse est plus généralement répartie, et qu'il est plus aisé de l'acquérir.

FRANÇOIS.

Quoique vous disiez, je trouve que c'est tout de même une aristocratie.

MAÎTRE JACQUES.

C'est ce que je viens de te dire il y a un instant; l'une est basée sur les titres et l'autre sur l'argent.

FRANÇOIS.

Sans votre raisonnement, maître Jacques, je n'aurais jamais pensé que MM. B.... et T.... fussent des aristocrates. Que c'est désagréable de n'avoir pas reçu de l'instruction.

MAÎTRE JACQUES.

Prends garde, mon ami ; ce mot aristocrate que tu prononces avec une sorte de passion, ne veut pas dire malhonnête homme. MM. B.... et T.... sont de braves gens que nous aimons tous, mais ils sont aristocrates en ce sens qu'ils jouissent de plusieurs avantages que vous n'avez pas, et que beaucoup d'entr'eux ne méritent pas la plupart du temps. Ainsi, par exemple, M. R... qui a hérité de la fortune de son père, a-t-il hérité de ses talens et surtout de ses sentimens? Vous répondrez tous non, car vous savez quelle est son ignorance et sa fatuité : monter à cheval, aller à la chasse, dépenser de l'argent en choses superflues, telle est son unique occupation, et cependant ce jeune homme est électeur, parce qu'il paie 200 f. d'imposition, et sera peut-être député l'année prochaine, parce qu'il a l'âge requis et qu'il paie le cens d'éligibilité, tandis que M. M..., savant très-distingué, très-populaire, ne peut point se mettre sur les rangs pour la députation, parce qu'il n'a pas un pouce de terre au soleil.

FRANÇOIS.

Oh ! maintenant je comprends bien ce que c'est que l'aristocratie, et vous aussi, maître Jacques, vous êtes un aristocrate, parce que, grâce à votre argent, vous êtes électeur, juré, conseiller municipal, que sais-je moi ? La clé d'or a remplacé aujourd'hui les parchemins.

MAÎTRE JACQUES.

Cette erreur dans laquelle tu as été, beaucoup d'homnêtes gens la partagent ; ils trouvent tout naturel que parce qu'ils ont de l'argent, les fonctions administratives leur soient dévolues ; préoccupés qu'ils sont que la propriété seule est une condition d'ordre et de stabilité. Abusés par leur position sociale, ils ne réfléchissent pas que pour cinq à six millions de propriétaires, il y a vingt-cinq millions de prolétaires qui héritent de la misère, qui travaillent, suent pour entretenir le luxe des oisifs et sacrifier leurs filles à leur plaisir. Vous vous rappelez tous de l'événement malheureux qui survint l'année dernière, et mit tout le village en rumeur ; la fille de ce pauvre et honnête laboureur, victime à l'âge de seize ans de la séduction de M. R..., fut montrée au doigt dans tout le Village. Aucune de vos femmes ne voulut plus la voir ; vous défendîtes à vos filles d'aller promener avec elle les jours de fête. Cette malheureuse, repoussée par la société, n'écoutant plus que son désespoir, s'est jetée dans la plus honteuse prostitution.

FRANÇOIS.

Il est bien évident que si l'un n'eut pas été dans l'opulence, et l'autre dans la pauvreté, cet événement malheureux ne serait pas arrivé.

MAÎTRE JACQUES.

Ta réflexion est fort juste. De tels actes qui soulèvent vos répugnances doivent disparaître graduellement. Saint-Simon, qui est le plus grand penseur du siècle, est venu arracher les classes pauvres à la misère et à l'immoralité. Il ne veut d'aristocratie d'aucune espèce, pas plus de celle des titres que de celle d'argent ; dans l'avenir il n'y aura pas de privilége, parce que chacun sera classé selon son mérite, et récompensé selon son travail. Dis-moi, Pierre, ton fils a une intelligence rare pour un enfant de son âge; n'est-il pas vrai que si tu étais riche, cet enfant serait médecin, avocat ou tout autre chose, parce que tu aurais de quoi payer les frais d'étude et d'examen.

PIERRE.

Je me trouverais le plus heureux des hommes, si je pouvais faire donner une éducation à ce petit marmot.

MAÎTRE JACQUES.

Faute d'argent pous le faire instruire, ton fils sera réduit à prendre la bêche ou la truelle, qui lui causent de si vives répugnances. Dans la religion Saint-Simonienne, on tiendrait compte de ses goûts, de sa vocation pour le classer d'une manière convenable.

FRANÇOIS.

Qu'il me tarde que ce temps arrive! plus de priviléges, plus d'oisifs, plus de pauvres; tout le monde s'aimera et sera heureux. S'il fallait encore brûler une amorce pour hâter ce moment, je suis tout prêt à marcher.

MAÎTRE JACQUES.

Arrête, François, arrête : assez de sang a été versé pour conquérir les institutions qui nous régissent. Grâce à la liberté de conscience et de la presse, l'amélioration sociale que le Saint-Simonisme proclame, doit s'établir pacifiquement et graduellement dans tous les esprits, parce que tout le monde, fatigué des déchiremens des partis qui ont vainement essayé de leurs théories politiques, la jugera indispensable au bonheur général. On fera ensorte d'élever l'industrie qui depuis si long-temps avait été réprouvée, sans porter atteinte à la propriété des riches; ils craignent sans cesse une révolution des classes ouvrières, qui manifestent partout, à Paris, à Lyon, Grenoble, l'état de mal-aise qu'elles éprouvent. Eh bien! il faut rassurer leur esprit troublé, leur faire voir par votre moralité, votre patience et votre zèle dans les travaux, que vous êtes dignes d'être considérés, c'est-à-dire, d'être non des prolétaires vivant au jour le jour, mais des travailleurs associés. Convaincus alors des avantages de l'association qui, en améliorant le sort du pauvre, augmentera les revenus du riche, puisque l'activité des forces industrielles, au lieu de s'entredétruire comme aujourd'hui, par la concurrence, convergera vers un même but; les chefs d'industrie agricole et manufacturière vous jugeant eux-mêmes susceptibles d'une transformation sociale, s'empresseront de se joindre aux Saint-Simoniens pour hâter le moment de son exécution.

FRANÇOIS.

Eh bien, maître Jacques, comme vous êtes un brave homme, nous vous promettons de bien nous conduire. Moi, qui passe pour un joueur, un pilier de cabaret, je ne veux plus mettre les pieds dans aucune maison de jeu. Je veux que tout le monde puisse dire: voyez François; il jouait tout ce qu'il gagnait par son travail, battait sa femme, rendait ses enfans malheureux; il est devenu bon père, bon époux, sage, économe, depuis qu'il est Saint-Simonien.

MAÎTRE JACQUES.

Viens, mon enfant, que je t'embrasse ; tu me ravis de t'entendre. Oui, mes amis, préparez l'avénement de la Religion nouvelle, en montrant à la société, qui vous voit avec répugnance, le tableau de l'union la plus parfaite. Soyez plus doux, plus affables ; que l'on puisse dire partout ce sont de braves gens que les Saint-Simoniens. Je sens que je suis trop ému pour continuer notre entretien. Il me suffit de savoir que vous êtes complétement désabusés sur le compte de Saint-Simon et de ses disciples.

PLUSIEURS OUVRIERS.

Oh ! promettez-nous de nous parler quelquefois de ce grand homme ; nous sommes tous curieux de connaître sa vie.

MAÎTRE JACQUES.

Mes amis, il y a tellement de choses à dire qu'il me serait actuellement impossible de bien me les rappeler. J'ai chez moi un ouvrage qui traite de la vie de Saint-Simon, je vous l'apporterai pour vous donner lecture de quelques passages. Adieu, mes enfans.

TOUS.

Adieu, maître Jacques ; à dimanche prochain, entendez-vous ?

MAÎTRE JACQUES.

Oui.

TOUS.

Sous cet ormeau, n'y manquez pas au moins.

MAÎTRE JACQUES.

Je vous le promets.

A. METGE.

RELIGION SAINT-SIMONIENNE.

LES APOTRES A MÉNILMONTANT.

TOUJOURS en harmonie avec le moment et l'œuvre qu'ils exécutent, lorsqu'ils parlaient à des hommes dont la richesse avait développé l'intelligence, les Saint-Simoniens furent *savans* et *riches*. C'est avec le costume des élégans, devant une table d'acajou, qu'ils enseignaient. A peine quelques *prolétaires* osaient venir fouler, avec leur chaussure garnie de fer, le parquet de leurs salons. Les opulens seuls s'approchaient ; à eux seulement on parlait alors, à eux seulement il fallait parler, puisque de leur sein devaient sortir les APÔTRES.

L'apôtre est une exception glorieuse : c'est pour cela qu'il *fallait* que les riches prissent son HABIT, se fissent PAUVRES pour être aimés à la fois du riche et du pauvre, pour étonner davantage, pour être plus RELIGIEUX.

L'apostolat est fondé ; ceux d'entre les hommes riches dont le cœur a palpité d'espoir en connaissant la vie nouvelle, sont avec eux. Leurs paroles se perdraient dans le désert s'ils voulaient toujours se faire entendre d'eux seuls. Le monde entier, voilà désormais la salle où ils doivent travailler au salut des nations haletantes de désespoir. Les pauvres, voilà ceux dont ils doivent se faire connaître, ceux qui doivent les voir le plus souvent possible ; ce sont eux qui bientôt les aimeront le plus.

Et toujours conséquens, pour convertir les prolétaires, les apôtres sont prolétaires. Ils ne parleront plus ; assez déjà savent si leurs paroles peuvent être éloquentes, si leurs raisonnemens sont justes et bien suivis. Le peuple connaît peu les belles phrases, ignore ce que c'est qu'un syllogisme ; mais ce qu'il comprend, ce sont les actions généreuses, ce sont les dévouemens sans BORNES. Fit-il un discours ce prolétaire qui s'écriait je m'appelle *Arcole*, et qui mourut soudain criblé par le plomb ennemi ? Tous le comprirent, parce qu'il avait AGI.

Les apôtres sont donc pauvres et ne font plus de discours, mais des ACTIONS, parce que c'est aux pauvres qu'ils s'adressent.

Voyant quarante hommes, auxquels leurs ennemis même accordent un talent distingué, ayant une confiance, un dévouement à toute épreuve dans l'homme qui les conduit à l'œuvre qu'ils ont à faire, en les voyant durcir leurs mains délicates pour relever les travaux dédaignés et pénibles qui vieillissent si vite l'ouvrier, remplir les fonctions de la domesticité, eux qui tous avaient des domestiques et pourraient en avoir encore, les prolétaires comprendront que tous les MÉTIERS élevés par eux au rang de FONCTIONS, doivent être égaux et également rétribués, qu'il ne peut plus y avoir de *domestiques*, que tous doivent être FONCTIONNAIRES, que nul ne doit être exploité par un autre, que tous doivent s'aimer, s'associer entr'eux, que la foi saint-simonienne fera nécessairement la conquête du monde. Ce sont des fous, répondent ceux qui ne les connaissent pas. Mais ces fous se sont montrés supérieurs à vous, lorsqu'il a fallu traiter ce que vous appelez sciences difficiles, et dont la connaissance est réservée à un petit nombre d'élus qui tous ont été inférieurs à eux. Cette injure grossière retombe donc sur ceux qui osent la lancer.

Qui ne sera saisi d'admiration et ne répètera avec moi : Oui, ces hommes sont GRANDS et FORTS, oui, ils moraliseront le monde, ils le rendront religieux, parce qu'eux seuls sont MORAUX et RELIGIEUX ; en vain on leur suscite des persécutions bourgeoisement tracassières, ils ne se *fâcheront* pas ; la force religieuse, le calme, voilà leurs réponses. En voyant ces hommes qui tous pourraient jouir de tout ce que cette terre renferme de jouissances et d'amour, y renoncer pour secourir tous ceux qui souffrent, la *classe la plus nombreuse et la plus pauvre*, et *en dehors d'eux il n'y a que des* PAUVRES, le peuple a senti, ou sentira combien sont grands leurs sacrifices, combien doivent être grands leur FOI et leur AMOUR. Le peuple sentira que des hommes de cette TAILLE, qui entourent un autre homme de tout ce que l'on peut trouver d'amour, de foi, de dévouement, crient à toute la terre que cet homme est aussi supérieur à eux, qu'ils sont supérieurs aux autres. L'humanité sentira qu'il n'y a que cet homme CAPABLE de la mener au *bonheur ;* et les hommes forts, se groupant autour du PÈRE, répéteront avec l'apôtre d'EICHTAL :

« Haut! haut! l'étendard de la religion nouvelle, livre au vent ses flammes sinueuses, étincelantes; qu'elles aillent de leurs replis lointains battre les dômes de Rome et les flèches de Madrid, les tours de Berlin et de Londres, les minarets de Stamboul et ceux d'Alexandrie. Amour à tous les hommes, amour à tous les peuples. »

« Voyez, il est au milieu de nous, celui qui soulève cet étendard! accourez! vous tous, fils élus des nations, accourez, CROISEZ-VOUS! déposez vos glaives, tendez-vous la main; passez à ma droite, passez à ma gauche, placez vous devant et derrière moi. Range-toi, milice sainte, en avant, suis TON ROI. Amour à tous les hommes, amour à tous les peuples. Vainement le monde se redresse, nous disputant le passage, il s'incline, étonné, il se relève PACIFIÉ.

VOILA POURQUOI LES APOTRES SONT A MÉNILMONTANT.

Qu'on dise que les HOMMES DE LA VIE NOUVELLE SONT MORTS.

Lyon, le 19 juillet 1832.

COGNAT.

Pour détruire la domesticité, abolir le salaire, et substituer l'association à la lutte qui règne dans la société, voilà comment les apôtres remplissent les différentes fonctions de leur intérieur :

LÉON SIMON, traducteur de plusieurs ouvrages littéraires de médecine, et PAUL ROCHETTE, ancien professeur de rhétorique, font la cuisine.

LÉON TALABOT, ancien substitut du procureur du roi, d'abord chargé du lavage de la vaisselle. Ce fut ensuite GUSTAVE d'EICHTAL, fils d'un riche banquier, puis LAMBERT, ancien élève de l'Ecole polytechnique, après lui, le baron CHARLES du VEYRIER, et aujourd'hui, MOÏSE RETOURET, jeune élégant dans le monde *ancien*.

Emile Barrault, ancien professeur à l'école de Sorrèze, auteur de la *Crainte de l'Opinion*, comédie en cinq actes et en vers, représentée en 1831, est chargé du cirage des bottes avec *Auguste Chevalier*, ancien professeur de physique, et Duguet, avocat.

Bruneau, ancien élève de l'Ecole polytechnique, ex-capitaine d'état-major, est chargé de l'entretien du linge, des vêtemens, de la police et de la surveillance générale.

Rigaud, docteur-médecin, Holstein, fils d'un négociant distingué, le baron *Charles* du Veyrier, Pouyat et Broe, anciens étudians, *Charles* Pennekerre, ancien courtier en librairie, et *Michel* Chevalier, ingénieur des mines, et directeur du *Globe*, frottent les appartemens.

Desloges, ancien garçon boucher, dirige la buanderie; il a sous ses ordres Franconi, fils d'un riche colon américain, et Bertrand, étudiant.

Le balayage des cours et de la rue est fait par d'Eichtal et Machereau.

Jean Terson, ancien prêtre catholique, épluche les légumes, met le couvert; il est aussi chargé du menu détail de la maison.

Alexis Petit, fils d'un riche propriétaire, nettoie les chandeliers et veille à l'enlèvement des ordures.

Le Père ENFANTIN travaille principalement au jardin avec Henri Fournel, ex-directeur de la fonderie du Creusot, Raymond-Bonheure, ancien professeur de dessin, Justus, peintre, et Machereau, dessinateur.

Les renseignemens sont donnés tous les jours, depuis 2 heures jusqu'à 4 du soir, place Sathonay, n° 2, au 2me.

NÉCESSITÉ

D'UN

NOUVEAU PARTI POLITIQUE.

Angers, 30 juillet 1832.

*A M. P***, à la Flèche.*

« Monsieur et ami,

» Je viens accomplir la promesse que je vous ai faite en vous quittant. Je vais vous écrire, en courant et sans méthode, quelques-unes des idées que ma présence au milieu de vous m'a suggérées et qui d'ailleurs me sont familières et habituelles. J'ai trouvé, je vous l'avouerai sans détour, que vous étiez tous en dehors de la politique véritablement progressive. Pour vous l'ennemi à combattre c'est le *juste-milieu*, l'ami sur lequel il faut compter c'est le parti du *mouvement*. Ainsi que je vous l'ai répété plusieurs fois, je n'ai d'espoir dans aucun de ces partis. Ni l'un ni l'autre ne fera marcher, s'il reste composé comme il est, le char de la civilisation ; aussi je ne conçois pas en vérité l'espérance singulière que vous avez pu placer dans le parti du mouvement. Quelles idées, quels sentimens désire-t-il propager et réaliser? Quels sont ses appuis dans la nation? Le comble de la perfection législative pour lui serait le suffrage universel, c'est-à-dire le désordre organisé! Cela me semble plus que ridicule, ce serait horrible à l'occasion. A l'extérieur que veut-il? Briser toutes les institutions de la vieille société européenne, abattre tous les étais qui la tiennent encore debout. Il ne conçoit rien de mieux pour l'amélioration du sort des individus et des peuples. Cela me paraît de nature à produire en Europe les conséquences les plus déplorables. Mais le juste-milieu, direz-vous, qu'a-t-il fait depuis bientôt deux années qu'il tient le gouvernail? Il a fait directement peu de chose, je l'avoue, pour le bien des peuples, mais il a empêché beaucoup de mal. C'est à lui, ajouterai-je cependant, que vous devez l'organisation d'un gouvernement où les droits essentiels, les moyens principaux de civiliser le monde sont consacrés et garantis; c'est à lui que l'Europe doit la paix: c'est à lui que nous devons la tranquillité qui commence à régner dans l'Ouest, le Midi, et dans les rues de nos grandes villes.

» Ces motifs ne sont pas les seuls qui me font préférer le triomphe momentané du milieu sur le mouvement. En voici d'autres qui sont pour moi d'une force bien plus grande.

» Avec le mouvement, nous aurions un gouvernement qui, à mon avis, serait dès son début opposé au progrès. Il en serait ainsi, que les chefs de ce parti le voulussent ou ne le voulussent pas. Avec eux nous aurions une guerre générale. Ils ne se le dissimulent pas eux-mêmes; et si vous lisez avec soin et pénétration *le National* et *la Tribune*, vous devez être convaincu de ce que j'avance. Eh bien! la guerre générale serait le plus grand des malheurs pour la civilisation; elle serait en outre le plus absurde et le plus affreux anachronisme. Quoi! tout est détruit autour de nous, et, loin de réorganiser, nous irions détruire encore! Prenons-y garde : nous n'avons pas, et j'en bénis le ciel, la mission des hommes de la Convention. Les ruines sont faites, il faut désormais déblayer et construire. La guerre! mais elle anéantirait l'industrie de la France et de l'Europe, elle serait l'agent le plus actif de désorganisation. Avec elle il faut renoncer aux vastes entreprises, aux longs travaux et aux méditations profondes : avec elle il faut abandonner le perfectionnement amené par l'élaboration des idées; avec elle il faut jeter un voile sur les forces productives; avec elle il faut arriver immédiatement à ce qui fit reculer d'horreur l'assemblée constituante, à la hideuse banqueroute.

» Pour accomplir son œuvre, croyez-moi, la génération

nouvelle n'a besoin que de paix et de liberté. Si le juste-milieu lui procure ces deux biens, elle ne doit pas le traiter en ennemi. C'est à nous à rendre alors la paix et la liberté fécondes, c'est à nous à régénérer lentement et avec persévérance la société par sa base ; c'est à nous à créer dans toutes les communes des foyers *d'instruction primaire;* c'est à nous à fonder de vastes centres pour les études supérieures ; c'est à nous à établir des écoles où l'enfant de tout citoyen pauvre recevra une profession, à organiser des banques qui le créditeront suivant sa moralité et sa capacité ; c'est à nous, et cette œuvre est plus difficile encore, qu'il appartient de mettre en saillie la loi morale, la loi du devoir, de régénérer les bases de l'éducation des deux sexes. Eh bien ! cet immense travail, qui ne serait lui-même que le préliminaire indispensable d'une législation civile, industrielle, pénale et politique, plus perfectionnée que celles qui existent, comment pourrons-nous l'accomplir ? Sera-ce en courant au Rhin le sac sur le dos, aux chants de *la Marseillaise* et de *la Parisienne ?* Non, j'en ai la conviction profonde, nous n'avons rien à porter à l'Allemagne avec nos armées : on reçoit d'ailleurs assez mal des missionnaires munis de baïonnettes. Travaillons donc avec liberté autour de nous, changeons-nous nous-mêmes, corrigeons-nous des vices qui rongent l'ordre social, ouvrons de nouvelles sources au dévoûment, à la charité et à la philantropie. Voilà, si je ne me trompe, voilà la mission des hommes de notre âge. Elle peut paraître, au premier aspect, moins brillante que celle des vainqueurs de Jemmapes, d'Arcole et d'Austerlitz, mais elle est, pensez-y bien, beaucoup plus grande : elle exige encore plus de courage, de vertu réelle et de vastes et profondes connaissances. Eh bien ! c'est parce que le juste-milieu me paraît seul, entre tous les partis, propre à nous laisser arriver librement et en paix au but que je viens de vous exposer, que j'ai pour lui plus d'estime que vous. Il me semble le plus puissant moyen d'ordre de notre époque. Voilà pourquoi je souhaite ardemment qu'il ne se perde pas par de perpétuelles frayeurs, qu'il ne touche pas à la liberté, qu'il ne fournisse pas à la partie désorganisatrice du mouvement l'occasion de saisir le pouvoir. Ah ! croyez-moi, nous, hommes de paix et de civilisation avant tout, ne nous rangeons pas sous la bannière exclusive du milieu ou de la république. Etudions ces partis, transformons-les, faisons qu'ils se comprennent et s'estiment, entraînons-les vers le but national et humanitaire où notre cœur aspire. Voilà, voilà où doivent tendre tous nos vœux, tous nos efforts. Je n'ai, graces à Dieu, vous le savez, rien à désirer et à attendre des partis politiques : la position que j'ai prise me met à l'aise avec eux. Aussi j'ose espérer que les motifs que je viens de vous présenter à l'appui de mes convictions, auront un peu de puissance sur votre esprit, puisque vous saurez qu'ils partent d'un cœur libre et désintéressé. Veuillez, je vous en supplie, ne pas m'épargner les objections dans votre réponse ; mais j'ose espérer que vous adhérerez aux vues d'avenir que je viens d'esquisser à la hâte ; j'ose espérer que vous vous unirez à quelques amis qui partagent mes opinions, pour travailler immédiatement à faire prévaloir dans les esprits une politique consciencieuse, destinée, non à combattre violemment, mais a concilier par la persuasion les hommes honnêtes qui, par des motifs différens, se sont cramponnés, soit à la politique prudente, mais stationnaire, du milieu, soit à la politique populaire, mais convulsive et anarchique, du mouvement.

A. Freslon. »

Angers. Imprimerie de Ernest Le Sourd.

Angers, 19 août 1832.

L'âge d'or qu'une aveugle tradition a placé jusqu'ici dans le passé est devant nous.

Saint-Simon.

Nos verò omnes, revelatâ facie gloriam Domini speculantes, in eamdem imaginem transformamur à claritate in claritatem, tanquam à Domini spiritu.

Saint-Paul, 2e épître aux Corinthiens, 3-18.

Mon cher Hawke,

Absent d'Angers lorsqu'a paru dans le *Journal de Maine et Loire*, du 1er août 1832, la lettre de M. O. et votre réponse à cette lettre, j'ai, depuis mon retour, entendu vanter par plusieurs personnes qui n'aiment pas le saint-simonisme, parce qu'elles ne le connaissent pas, le triomphe que M. O. aurait obtenu sur vous. J'ai lu les deux lettres, et j'ai compris cette opinion de la part d'hommes qui n'ont pas la moindre idée de notre religion, et qui ont pu croire que M. O. la connaissait assez pour la juger. Votre réponse est bien, si vous avez seulement voulu prouver que nous sommes des hommes religieux. C'est en marchant que vous avez prouvé le mouvement. Cette preuve en est une sans doute pour votre correspondant, mais elle est insuffisante pour la plupart des lecteurs du journal. Si donc vous aviez l'intention de publier votre lettre, il me semble que vous auriez dû combattre pied à pied M. O. et ne laisser aucune de ses objections sans réponse, tâche tellement aisée que, si vous ne l'avez pas entreprise, c'est, sans doute, à cause de son extrême facilité.

D'après M. O., la religion de Saint-Simon est sans avenir! Sans avenir, grand Dieu! Quelles sont donc celles des œuvres saint-simoniennes que vous avez confiées à M. O., s'il a pu tomber dans une erreur pareille, et comment avez-vous pu l'y laisser un seul instant?

Alors que le Christ vint, dit M. O., *il révéla la vérité aux nations. Cette vérité, l'unité d'un Dieu, devint le symbole de notre foi et l'arrêt de mort du paganisme*, etc. *Quel Dieu placez-vous sur l'autel du Dieu que nous adorons?*

Sans m'arrêter à discuter si c'est vraiment Christ qui le premier a fait connaître aux hommes l'unité de Dieu, je me serais au moins attaché à répondre à cette question, *quel Dieu*, etc., et j'aurais dit :

Sur l'autel du Dieu vengeur qui pour la faute d'une faible femme a condamné tous les êtres aux souffrances et à la mort; qui n'a consenti à révoquer en partie ce terrible arrêt qu'au prix du sang de son fils; de ce Dieu qui permet au génie du mal de pousser les hommes à des crimes qu'il punit ensuite de supplices dont l'idée seule fait frémir, de ce Dieu enfin qui n'accorde les jouissances de son paradis mystique qu'à un petit nombre d'élus;

Nous avons placé un Dieu, amour infini, qui ne réprouve aucun des êtres qu'il a créés, mais qui veut que tous les hommes soient heureux, non-seulement dans le ciel, mais sur la TERRE; qui n'a pas mis les passions dans notre ame comme un piège tendu à notre faiblesse, mais comme des instrumens de bonheur dont il nous a prescrit l'usage réglé par la raison; un Dieu enfin qui veut que, dans l'immensité des mondes et pendant l'éternité, l'homme fasse vers la perfection des progrès d'autant plus rapides que ses efforts seront plus grands.

Parce que M. O. ne comprend pas un Dieu esprit et matière, il croit pouvoir affirmer que nous sommes des athées. Comment n'a-t-il pas senti que d'après son raisonnement il était lui-même convaincu d'athéisme aux yeux de tous ceux qui ne comprennent pas le Dieu pur esprit?

Vous avez très-bien prouvé que cette expression : *votre Dieu*, est inexacte. Ce n'est pas l'homme qui fait Dieu. Seulement il en a une idée de plus en plus parfaite. Or, l'idée juive ou chrétienne me semble être celle d'un peuple encore voisin de l'anthropophagie; l'idée saint-simonienne est celle d'un peuple civilisé et progressif.

Notre idée, selon M. O..., *n'est pas seulement contraire à la raison*, elle n'a pas même le mérite de la nouveauté. Les Saint-Simoniens sont si loin d'avoir une prétention aussi *exagérée*, qu'ils ont cité vingt fois les philosophes et les apôtres qui avaient entrevu cette vérité bien long-temps avant Saint-Simon. Vous auriez pu demander à M. O..., si les chrétiens prétendaient avoir le *mérite* de la nouveauté, quand ils ont prêché le Dieu des Juifs, et copié, en les modifiant, les enfers des païens. Vous auriez dû également faire observer, en passant, que c'est une grande *nouveauté* qu'un chrétien qui récuse un dogme parce qu'il est contraire à la raison. M. O.... n'a pas consulté son confesseur.

Sous le point de vue politique, Saint-Simon ne paraît à M. O..... *ni plus heureux, ni mieux inspiré lorsqu'il pose comme dogme fondamental : Plus d'hérédité, la conséquence de cette abolition sera la destruction de la famille, etc.* Vous avez, sans doute, remarqué comme moi que M. O..., si empressé de nous refuser le mérite de la nouveauté quand il croit que c'en est un, se hâte au contraire de nous l'accorder, quand il croit pouvoir nous en faire un reproche. Je conçois que vous ayez dédaigné de répondre à des objections tant de fois et si complètement réfutées. Cependant, n'auriez-vous pas dû rappeler à M. O... que le principe de l'hérédité ou plutôt celui de la propriété a été attaqué long-temps avant Saint-Simon ; et que ce grand homme et ses disciples ont seulement prévu et prédit que, le principe détruit, la dernière de ses conséquences devait aussi l'être tôt ou tard. Le but des Saint-Simoniens n'est donc pas de détruire l'hérédité ni la propriété, mais bien de préparer par des moyens pacifiques la transformation nécessaire de la dernière conséquence du principe de la propriété, transformation qui, sans eux, ne pourrait avoir lieu que par un affreux bouleversement.

Supposant toujours que nous voulons détruire l'hérédité, M. O., prétend *que la conséquence sera la destruction de la famille, et qu'il n'y aura plus d'amour filial.* J'aurais demandé à M. O... si, par hasard, l'hérédité ne serait pas plutôt la cause la plus fréquente des divisions qui déchirent les familles. Je lui aurais demandé s'il connaît d'autres causes du parricide. Graces à Dieu ce crime affreux est bien rare, mais que de degrés de désaffection entre lui et la piété filiale ! Au reste, quand il serait vrai que l'espérance d'hériter d'un père augmentât l'amour que ses enfans ont pour lui, ce ne sont pas, je le répète, les Saint-Simoniens qui ont *détruit* l'hérédité.

M. O... prétend enfin que l'homme ne travaille que pour ses enfans. Il paraît que M. O..., qui pourtant se dit chrétien, n'a jamais ouï parler des immenses travaux des moines chrétiens, qu'il n'a jamais vu d'artistes travaillant seulement pour la gloire, et qu'il ne connaît pas un seul célibataire qui tâche d'augmenter sa fortune. Vous auriez dû, en lui indiquant ces sujets d'observation, l'avertir qu'il se convaincra, s'il veut pousser plus loin l'étude du saint-simonisme, que les Saint-Simoniens, en travaillant pour toute la société, travailleront en même temps à augmenter leurs jouissances et celles de leurs enfans.

Quant aux mots *immoralité, abomination* que j'ai aperçus dans la lettre de M. O..., vous auriez dû lui apprendre qu'il y avait déjà une société saint-simonienne dont chacun des membres est prêt à lui soumettre sa vie tout entière.

Peut-être aurait-il été convenable d'indiquer à M. O... les conséquences du libéralisme seul destructeur du principe de la propriété, car M. O... est libéral puisqu'il veut le progrès, et n'est pas saint-simonien.

Telles sont, à mon avis, les observations sommaires que vous auriez pu présenter à M. O..., en lui offrant les moyens de les étudier avec tous leurs développemens dans ceux des ouvrages saint-simoniens qu'il n'a pas encore lus ou dans ceux qu'il n'a lus qu'imparfaitement. En répondant comme vous l'avez fait, je crois que vous avez eu le tort de laisser croire aux profanes que si tant d'objections sont restées sans réponse, c'est que vous n'en aviez aucune à faire.

Votre affectionné, etc.

ANGERS, IMPRIMERIE DE ERNEST LE SOURD.

RELIGION S.T-SIMONIENNE.

Les Saint-Simoniens des spoliateurs !!!

—

LISEZ.

—

Après avoir parcouru le cercle entier de l'erreur, nous trouverons enfin la vérité. (*Gazette du Rouergue*, 25 *août* 1832.)

COMME un enfant saisi par le froid, tourmenté par la faim, gêné par ses lisières, exprime par des pleurs énigmatiques des douleurs dont il ne saurait indiquer ni le siége, ni le remède, l'humanité s'est long-temps agitée, tourmentée par des besoins qu'elle sentait vaguement et dont elle balbutiait des remèdes impuissans.

Enfin une idée précise s'est formée dans sa tête, sa langue a pu indiquer le mal et formuler le vrai remède, et un bras déjà vigoureux, échappé des langes dans lesquels il était enlacé, se tend pour déchirer les entraves qui retiennent le reste du corps.

Saint-Simon a dit : « L'homme ne doit plus être exploité par l'homme, mais l'humanité doit être associée, organisée pour l'exploitation du globe. »

A ces mots, pour tous les cœurs généreux, le problême social a été résolu ; ils ont vu la possibilité d'asseoir le bonheur du genre humain sur une délicieuse base d'amour et de richesses immenses ; ils ont voué leur existence à cette œuvre sublime.

En vain les masses restent inertes sous le poids de la misère, de la haine, de l'antagonisme ; les apôtres saint-simoniens, qui ne sauraient être heureux sans elles, les entraîneront ; leur bras vigoureux les poussera de la misère à l'abondance, de la haine à l'amour, de la lutte à l'association.

Grands et petits, riches et pauvres, écoutez.

Les saint-simoniens ne viennent pas pour détruire, mais pour créer : pour élever les petits ils n'ont pas besoin d'abaisser les grands, et ils ont puissance d'enrichir le pauvre, tout en ajoutant aux jouissances du riche.

Loin de nous le projet étroit de diviser la production actuelle du globe entre tous les enfans de la famille humaine : nous ne voulons pas offrir aux misères du pauvre un adoucissement mouillé des larmes du riche ; nous aimons plus que les pauvres, nous aimons aussi les riches ; notre amour s'étend à l'humanité entière. Notre génie créateur ne se renferme pas dans un système étroit de déplacement incompatible avec nos sympathies. La production actuelle du globe n'est pas pour nous toute la production possible ; nous avons les moyens de l'augmenter indéfiniment, de manière à combler tous les besoins.

A l'état de guerre qui fut le caractère dominant du passé, nous voulons substituer l'association ; nous voulons remplacer l'exploitation de l'homme par l'exploitation du globe. Toutes les forces perdues dans l'inaction ou employées à la destruction, nous voulons les diriger vers la production. Aux armées du passé, victorieuses et vaincues tour-à-tour, toutes composées de quelques officiers largement rétribués et d'un grand nombre de soldats à peine dotés du strict nécessaire, nous voulons substituer l'armée universelle des travailleurs pacifiques, armée toujours victorieuse, armée dans laquelle chaque homme sera officier, ayant pour soldats les vents, les eaux, la vapeur, les animaux : ne les vois-je pas au port d'armes, attendant le commandement des hommes pour exécuter les immenses mouvemens qui doivent enfanter tout ce qui est nécessaire, utile ou agréable à leurs chefs ?

Hâtons-nous donc, la terre nous présente mille mamelles toutes exubérantes de mille substances diversement utiles ou agréables ; donnons satisfaction à son impatience maternelle, hâtons-nous de les traire.

Un coup d'œil rapide jeté sur le globe donnera une idée des richesses immenses que l'humanité n'a pas aperçues dans son enfance, qu'elle a à peine effleurées dans son adolescence, et dont la pleine jouissance est réservée à son âge viril.

Voyons-le déchiré, inondé par cette infinité de cours d'eau qui, dérivés dans toutes les directions en pente régulière, le fertiliseraient, fourniraient des moyens de propreté, de communication, et seraient des moteurs très-puissans qui remplaceraient les forces des hommes et des animaux dans une infinité de travaux.

Voyons ces vastes marais, las de nous promettre d'abondantes récoltes en échange de quelques fossés que nous leur refusons.

Voyons les richesses minérales que tant de populations oisives et affamées foulent sans s'en douter.

Voyons ces contrées que les routes et les canaux

n'ont pas encore mis à même de changer leurs produits contre ceux du reste de la terre.

Voyons les hommes, comme une végétation privée de mouvement, accumulés sur des points où ils trouvent à peine une chétive existence au prix d'un travail excessif, abandonner aux lions et aux tigres la souveraineté d'immenses et belles contrées, dédaignant de diriger contre eux des armes qu'ils se font gloire de tourner contre leurs semblables.

Reconnaissons dans le classement agricole des terres la fidèle image du classement monstrueux des hommes : de tout côté fourmillent les tristes résultats de leur état de désassociation ; il n'y a ni intelligence, ni harmonie dans la production ; la transposition des rôles est aussi choquante dans les terres que chez les hommes : dans des pays froids, à température inconstante, la vigne occupe la place des fourrages, des céréales, pour donner tous les deux ou trois ans une récolte de misérable vin, tandis que, dans les pays de son infaillibilité, elle se trouve perdue au milieu des champs et des prés auxquels on demande en vain du blé et du fourrage ; des plaines immenses, à profonde couche végétale, abandonnées aux forêts ou aux pâturages, contrastent avec ces montagnes siliceuses, schisteuses, sur les flancs desquelles une foule d'êtres humains, privés des ressources inapplicables de la mécanique, arrache à force de bras une chétive existence, en favorisant les éboulemens que les gazons et les bois devraient y combattre. De nombreuses exploitations sont dirigées par des Robinsons volontaires, étrangers aux progrès de leur art, isolant leur domaine du reste de la terre, ne voyant pas l'avantage des échanges, voulant se suffire et n'obtenant que misère.

Voyons cette mesquine et irrégulière division des

terres, sur laquelle est assise la propriété; cette division qui, en beaucoup d'endroits, fait descendre l'homme du rang de laboureur au rôle ignoble de bêcheur; cette division, qui exige d'énormes frais de clôture, qui morcelle les troupeaux, décuple les frais de garde, et presque autant tous les autres frais de culture; cette division, qui isole les hommes, nécessite vingt feux, vingt cuisiniers qui seraient si avantageusement remplacés par un seul; cette division, enfin, source des procès qui enfantent la haine parmi les travailleurs, gaspillent leur temps et les rendent tributaires de cette armée de gens de palais qu'il est si urgent de ramener à la production.

Voyons cette foule d'oisifs, de mendians, de militaires et autres travailleurs improductifs, chancres dévorans d'une société à la prospérité de laquelle ils devraient contribuer selon leurs moyens.

Voyons ces masses que le défaut d'éducation réduit au rang de machines, abandonnées à leur propre direction, perdre la moitié de leur temps à se procurer de l'ouvrage.

Et jetant un cri de douleur et d'espérance, que chacun soulève un coin du voile qui cache à l'humanité tous ces trésors au milieu desquels elle expire de misère; qu'elle voie enfin son avenir dans une mer de délices dont les vagues arrivent à ses pieds.

Je vais essayer de remplir ma part de cette tâche.

Le besoin le plus pressant de l'époque, c'est celui de nourriture et d'habillement pour le pauvre, et de sécurité pour le riche. La faim et la ~~maladie~~ misère vaincues, l'émeute posera les armes, la sécurité reparaîtra.

Pour arriver à cette fin, il s'agit de pousser notre

agriculture à un progrès qui augmente de beaucoup ses produits.

Je vais proposer un système qui réunit le triple avantage d'assurer l'avenir du pauvre, de pourvoir à ses besoins présens, et d'augmenter le bonheur du riche ; c'est de l'exploitation des eaux que je veux parler.

L'eau est une substance indispensable à la végétation ; mais, sous tous les climats, tantôt son absence ruine les espérances du cultivateur, tantôt son orageuse abondance, se précipitant du flanc des montagnes, met les roches à nud, comble les fertiles vallées de couches pierreuses, entraînant avec elle dans le sein stérile des mers les parties les plus nutritives des terres, signalant son passage par les inondations, comme pour se venger du dédain dont elle est l'objet. L'eau est encore un véhicule puissant ; elle est le moteur des machines le plus régulier et le moins coûteux ; elle est indispensable à toutes les habitations, à toutes les fabriques ; c'est enfin l'élément du poisson destiné à varier la nourriture de l'homme.

Parmi l'infinité de ressources qui se présentent à l'envie, à l'amélioration du sort des hommes, l'eau occupe sans doute le premier rang. Pour apprécier les avantages qu'elle nous offre, embrassons d'un regard toute la France, examinons son état et comparons-la à ce que la rendrait un bon système de dérivation.

La France à demi inculte, déchirée par ses nombreux cours d'eau et criant à la sécheresse ; la France avec ses villes privées d'eau ou bordées par des rivières qui ne sont pour elles que de longs puits ; la France, enfin, privée de moyens de transport peu coûteux et laissant perdre les *trois-cent-quatre-vingt-dix-neuf quatre-*

cent centièmes de la force motrice de ses eaux (1) ; cette France qui se croit si digne de tenir le sceptre de la civilisation, n'est qu'un vrai type de barbarie que la mendicité, le prolétariat, la petite propriété même achèvent de rendre affreux.

La France, pour justifier l'idée qu'elle a d'elle-même, devrait opérer toutes les dérivations nécessaires pour arroser la plus grande étendue possible. Ces dérivations procureraient aux terres qu'elles domineraient, premièrement irrigation, secondement engrais suffisant par le dépôt des limons qu'elles charrient, et lors des grandes crues, les eaux dérivées avec intelligence dans ces nombreux canaux rejoindraient rarement leurs lits naturels, en assez grande abondance pour inonder quelques parties des plaines qui les avoisinent.

La disette d'engrais, le manque de bras sont cause que la France a la moitié de son sol en jachère ou en friche, et par conséquent improductif. L'irrigation lui offre le moyen de couvrir toutes ses terres d'une belle végétation : l'on peut avancer, sans crainte de démenti, que la moitié de la surface de la France est susceptible d'irrigation. Cette partie forme la presque totalité des terres actuellement en culture. En la convertissant en prairies, elle donnerait du fourrage en abondance, sans exiger presque aucun frais de culture, sans demander aucun engrais autre que le limon fourni par les parties supérieures et qui, dans l'état actuel, va s'ensevelir inutilement dans les mers. Les fumiers provenant de cette énorme quantité de fourrage produit par la partie arrosée, et la presque totalité des forces

(1) Voy. Charles Dupin, Géomét. et mécaniq. des arts et mét., tom. 3, p. 238 et suiv.

actuellement occupées à l'exploiter, étant transportés sur la partie supérieure, la couvriraient sans interruption de belles récoltes.

Une augmentation incalculable des bestiaux, l'usage de la viande mis à la portée de la classe pauvre, une immensité de matières premières qui assurerait l'activité de nos fabriques, seraient le résultat agricole de cette opération.

Sous le rapport commercial, ces nombreux canaux rendus navigables ou flottables, suivant le besoin des localités, rendraient les échanges faciles et peu coûteux.

Sous le rapport industriel, leur passage au bord de plans très-inclinés offrirait, outre l'eau nécessaire à presque toutes les opérations industrielles, des moteurs très-puissans et très-réguliers pour toutes sortes de machines.

Sous le rapport de l'économie domestique, chaque maison, dominée par un canal, pourrait faire arriver naturellement, dans son intérieur, l'eau nécessaire à son usage, et les villes pareillement situées auraient un moyen facile de s'entretenir dans un état de propreté et de fraîcheur.

Enfin, une administration qui introduirait dans chaque cours d'eau les espèces de poisson les plus convenables, qui les aménagerait de manière à ce que les poissons ne fussent livrés à la consommation qu'après avoir acquis un développement suffisant, et mettrait surtout fin aux empoisonnemens, créerait une abondante variété d'alimens qui serait appréciée, surtout par la France centrale.

Quant à l'exécution de ce projet, si nous considérons la France morcelée par la propriété, par elle ignoblement bigarrée de chemins et de clôtures et dirigée par le préjugé et l'ignorance, mille difficultés se présenteront ; tout ce que l'on fera pour elle sera mesquin, d'un détail immense et d'un faible résultat, qu'on ne l'ait dépouillée de cette guenille formée de lambeaux de substances et de couleurs si disparates, sur lesquels rampent misérablement des insectes humains.

Pour obtenir de prompts et grands résultats, il faudrait, taillant en plein drap, diviser la France en deux grandes sections ; l'une arrosable, qui serait couverte de prairies ; l'autre non arrosable, qui se subdiviserait en surfaces plates ou légèrement inclinées, et en surfaces fortement inclinées. Les premières seraient mises en culture réglée ; les autres, inaccessibles aux instrumens accélérateurs et économiques, seraient couvertes de gazons ou de bois qui les préserveraient de la destruction dont elles sont menacées par les orages.

Ainsi disposée, la France serait divisée en grandes exploitations qui pourraient supporter avantageusement la dépense d'une administration régulière. Là tous les travaux se feraient selon les méthodes les plus avancées de l'époque : la grande culture reléguerait la bêche dans les cabinets des antiquaires ; le berger, qui, avec cinquante moutons ou six bœufs, longe en tremblant et défend péniblement les frontières multipliées de jaloux voisins, se jouerait de la garde de cinq cents bœufs paissant sur une prairie d'une lieue carrée, ou de mille moutons ayant devant eux d'immenses côteaux qui ne seraient plus hérissés de bornes ou parsemés de petites cultures ; la charrette remplacerait le dos des hommes ; le chef-lieu d'exploitation, pourvu d'un moteur à eau ou à vent, sa machine à battre, son moulin, son hâche-paille, son hâche-racines, etc., fonctionneraient comme par enchantement ; cent chétifs ménages seraient remplacés par un seul bien ordonné, et l'économie de temps et de forces permettrait d'initier les travailleurs à la morale, à la science et aux beaux-arts.

Quant aux propriétaires, leurs droits se concilieraient facilement avec ce projet. Un article de nos lois porte l'obligation de céder sa propriété pour cause d'utilité publique, moyennant préalable indemnité. Or, en présence des souffrances des classes inférieures, on ne saurait nier l'utilité d'une mesure qui a pour objet de doubler la production du sol et de procurer du travail à la foule de malheureux dont le désespoir menace continuellement la tranquillité publique. Le gouvernement pourrait donc réunir successivement dans sa main toutes les propriétés particulières qui seraient classées ainsi qu'il a été dit.

La valeur de ces biens serait payée comptant, au moyen d'émissions de rentes dont une bonne vente ne pourrait manquer à un gouvernement créateur, alors que les capitalistes offrent à l'envi leurs fonds à des gouvernemens guerriers.

Dans la partie de chaque département qui offre le plus d'avantages, il serait urgent de donner un commencement d'exécution à ce projet, qui ouvrirait ainsi des sources de prospérité et procurerait du travail aux diverses populations de la France. Il serait pourvu aux frais de construction de la même manière qu'à l'achat des biens.

Et l'exécution de ces immenses travaux, et l'exploitation de ces vastes domaines qui, dans l'état de désassociation où nous sommes, paraissent impossibles, ne présenteraient aucune difficulté, si on les confiait à une armée de travailleurs de tous les âges, de tous les sexes, dans laquelle chacun serait classé selon sa capacité; dans laquelle le génie créateur, l'adresse, l'activité trouveraient les honneurs et les récompenses que la fougue brutale, le génie de la destruction obtenaient dans les armées du passé.

Les pauvres enrégimentés et soldés, les riches délivrés du tableau de la misère, affligeant et alarmant à la fois, jouiraient en toute sécurité de leurs revenus; l'ère de la paix et de la concorde aurait commencé.

DURAND, *cultivateur.*

A RODEZ, de l'Imprimerie de CARRÈRE Aîné.

L'ATTENTE.

GRAND DIEU ! j'ai fait ta volonté, j'attends ta nouvelle parole. J'attends..... Tu sais ce que l'attente est pour moi, grand DIEU ! tu m'avais fait impatient de tes joies et de ta gloire; au milieu d'un monde glacé d'athéisme, tu avais dirigé sur moi tous les rayons de ton amour; mon ame a brûlé, mais elle n'est pas éteinte; et j'attends!

Mon ame a brûlé, illuminant de ton saint nom le monde incrédule; pour le faire répéter par les hommes, et purifier ainsi leurs bouches qui blasphêment, tu as voulu que je livrasse le mien à leurs injures, je l'ai fait; mais un homme en gémit loin de moi; cet homme, c'est celui qui m'a donné mon nom, c'est mon père; console-le, mon DIEU !

J'ai fait ta volonté, j'ai obéi, tu es content de moi, je le sens : je le sens dans la foi des enfans qui m'entourent, et dans la haine même des hommes qui me repoussent; mais ton verbe d'amour ne me le dit pas encore; j'attends et prête l'oreille; j'attends, et la douce voix que tu m'as promise se tait!

Que ce silence est lourd à mon ame! et pourtant je te rends graces, ô mon DIEU ! J'avais besoin de te sentir muet en MOI pour avoir foi en ELLE autant qu'en moi-même; j'avais besoin de te *chercher*..... car tu t'étais donné à moi dans la plénitude de ta grace, pour faire, par ton fils, un signe d'appel à ta fille.

PÈRE, j'ai parlé, elle ne vient pas encore, mais elle m'a entendu, n'est-ce pas? j'ai parlé de toutes les puissances de ma vie, je n'ai rien négligé des dons que tu m'avais faits, je les ai tous consacrés à ton œuvre, il n'est pas jusqu'à l'amour de ma mère que je ne t'aie donné : PÈRE, tu me le rendras!

Attendre! attendre! — que fait-elle à cette heure? depuis si long-temps je l'aime! dis-moi, mon DIEU, dis-moi si déjà elle m'aime aussi; dis-le-moi, j'aurai la force d'attendre; dis-moi surtout si elle veut encore quelque chose de moi; tu le sais, je suis prêt, ordonne.

Et ces enfans que ta bonté m'a donnés, PÈRE! c'est pour eux surtout que je te prie, car tu t'es révélé à moi si puissant et si beau, que ta force est entrée en celui que tu voulais charger d'un monde; mais ces enfans, tu leur as appris à me nommer père, c'est donc à moi de t'implorer pour eux.

Ils souffrent, ô mon DIEU! ils souffrent, car, parmi les hommes, tu les as choisis hommes de désir et d'amour; ils souffrent, car les apôtres de l'affranchissement de tes filles, ne peuvent vivre long-temps, privés de la moitié de leur vie; ils souffrent, et pourtant vois-les, leur patience attend que je te prie et que tu m'exauces.

PÈRE! que sera donc leur amour pour toi, lorsque ta voix de douceur viendra se marier à la leur pour te rendre graces! écoute-les; comme ils te bénissent! et moi, ô mon PÈRE, combien ils m'aimeront le jour où tu me répondras! oh! pour eux, et pour moi, et pour tous, ne me fais pas long-temps attendre leur MÈRE.

N'ai-je donc point fait encore assez pour nous faire aimer d'ELLE? peut-elle encore douter de notre amour pour le peuple et pour ELLE? oh oui, je le sens, mon DIEU, tu as donné à ma parole toute la force que ton VERBE pouvait avoir dans l'homme; mais tu n'es pas seulement un VERBE.

MONDES! MONDES! vous vivez de la vie de mon DIEU!

TERRE, que tu es belle ! c'est toi qui dois m'entendre et me voir; je n'ai parlé et je ne me suis montré qu'à des hommes!

DIEU puissant! DIEU fort! DIEU d'énergie et de courage ! la TERRE, la TERRE aussi parle ton verbe, et je l'entends qui me crie :

« Où sont tes preuves de courage et de force? je ne te connais point.

» Homme! sais-tu comment les hommes déchirent mes flancs, et m'arrosent de leurs sueurs, pour que je les engendre et les nourrisse? es-tu prolétaire?

» Homme! sais-tu de quel manteau de pierre je couvre les hommes qui cherchent l'or dans mes entrailles? as-tu miné mon corps?

» Homme! sais-tu comment les hommes me parent et m'embellissent de villes, de forêts, de moissons? as-tu bâti, planté, semé?

» Homme! sais-tu t'emparer de la force qui remplit l'espace, la diriger, et me la rendre augmentée de la tienne, afin de nourrir ma vie, et de me rendre plus puissante et plus riche?

» Es-tu peuple, te dis-je? — Non. — Eh bien, je ne te connais pas. »

DIEU puissant! DIEU fort! DIEU d'énergie et de courage! elle me connaîtra. Tu n'as pas voulu fatiguer mon corps, dès mon enfance, par de rudes travaux, tu ne m'as pas fait prolétaire, mais tu m'as fait homme, tu m'as donné ta vie de force et de courage, car j'ai ton amour; elle me connaîtra.

Oh oui, mon PÈRE, je n'ai point fait assez encore pour la gloire de ton grand nom, et pour le faire répéter à la terre; je ne mérite pas que tu m'envoies l'Ange de gloire et d'enthousiasme, que tu m'as promis d'attacher à ma vie d'homme; ta fille ne me connaît pas.

Je ne te la demande plus, elle ne me connaît pas; je puis passer auprès d'elle sans que son regard s'arrête sur moi;

on peut me nommer devant elle, et son cœur ne battra pas plus vite, ses pensers d'avenir ne seront pas troublés; elle ne me connaît pas.

DIEU puissant! DIEU fort! tu as mis tes fils privilégiés, ceux auxquels tu confiais pour des siècles la destinée du monde, à de rudes épreuves; Moïse au *désert*, Jésus sur une *croix*, Mahomet au milieu des *combats*, et St Simon dans la *misère*.

Et ceux même auxquels tu donnais passagèrement ta puissance, pour démolir en quelques jours le travail de plusieurs siècles, comme Robespierre tu les jetais sur un échafaud, déjà mutilés par eux-mêmes, ou comme Napoléon tu les condamnais à une chaîne honteuse, à une mort solitaire.

Mais, ô mon DIEU! aucun de ces hommes n'a prétendu sauver la femme de son esclavage, et s'unir à elle par le libre lien de ton divin amour; aucun d'eux n'a vraiment été aimé d'elle, aucun d'eux surtout ne l'a aimée comme je l'aime, aucun d'eux n'a confessé ton nom dans la *passion* qui me fait vivre.

Tu leur avais donné des ennemis à combattre, je n'en ai point; des profanes à réprouver, je ne réprouve pas; tu ne leur avais pas montré ta face de douceur et de grace, et ne m'as-tu pas promis, à moi, de me la faire connaître; ne m'as-tu pas, à l'avance, inondé des pacifiques parfums qu'elle exhale?

Terre! je ne suis pas peuple, je ne t'ai point arrosée de mes sueurs; mais, ô mon DIEU! tu ne veux pas, pour la sanctifier, tu ne veux pas que je la baigne de mon sang ou de celui des infidèles; ton fils ne sera point un sacrificateur ni une victime, il est homme.

Je suis homme de travail, de paix et d'amour, et je donnerai ma vie à la terre, comme je l'offre à celle que j'appelle et que j'aime, pour son amour, et non pour sa haine; à ce genre de combats je veux lutter avec tous.

N'est-ce donc point assez, mon DIEU, mon PÈRE, d'avoir cent fois laissé briser, broyer mon cœur, par des enfans que j'aime, et qui se détachaient de moi parce que je ne voulais point faillir à ton œuvre?

N'est-ce donc point assez de porter sur ma tête, depuis déjà tant d'années, ô mon PÈRE! le poids de la responsabilité de toutes ces vies dont je te dois compte, et que tu éprouves sans cesse au feu des passions et à la glace de la misère?

Charge, charge encore mes épaules, si tu le veux, DIEU de patience et de constance; charge, je suis prêt: ce poids est lourd, mais je ne plierai point, et les cris de ma fatigue seront encore des bénédictions pour toi, et un appel pour ta fille; ils retentiront au loin par le monde.

DIEU de bonté et de vérité, toi qui m'as choisi pour faire disparaître, du milieu de tes fils et de tes filles, la *prostitution* et l'*adultère*, n'ai-je donc pas assez prouvé que tu m'avais donné la force qui triomphe de la passion égoïste des maîtres, et la franchise qui déjoue les ruses ambitieuses des esclaves?

J'ai vu des larmes véritables, des larmes brûlantes, rouler, à ma parole, dans des yeux d'hommes qui n'avaient jamais pleuré, parce que je commandais en ton nom de briser les chaînes de la femme; et j'ai vu des yeux de femmes se sécher, et ne plus pouvoir pleurer, parce que je détachais les fers auxquels elles s'étaient habituées.

J'ai vu toutes ces douleurs, ô mon DIEU! et tu sais celles qui, en ces momens, s'emparaient de mon âme: tu sais combien j'hésitais, craintif, pleurant seul sur moi-même, sur eux et sur tous, pleurant seul, seul, car tu n'avais pas mis auprès de moi ta fille.

J'ai vu toutes ces douleurs, ô mon DIEU! et mes craintes, et mon hésitation m'étaient imputées à crime, et l'on m'accusait de feindre, de tromper, parce que tu ne voulais pas que ma main déchirât brutalement ces voiles d'illusions et d'hypocrisie, parce que tu ne voulais pas que la lumière de ta vérité les consumât.

J'ai vu toutes ces douleurs d'hommes et de femmes, et je t'ai béni le jour où tu m'as imposé la loi sévère du célibat, parce que tu retirais ainsi de mes mains le flambeau de justice dont tu m'avais ordonné d'éclairer la face de ces hommes et de ces femmes.

PÈRE, je t'ai béni dans cette solitude, mais j'ai soif à mon tour de ta bénédiction; pourtant je suis calme, j'attends. Ma main impatiente ne renversera point, en cherchant à te la ravir, la coupe de ta promesse : je sais que tu la remplis d'un breuvage d'amour; j'attendrai, mais j'ai bien soif!

Et comment ne serais-je pas altéré des eaux de ta grâce, ô mon DIEU! moi qui ai tant besoin de boire la tendresse, et qui suis abreuvé d'injures et de calomnies? Leur justice me condamne, leurs prisons m'attendent; et leurs spectacles, et leurs journaux qui m'insultent, me jettent au peuple, honteusement défiguré!

O PÈRE! je ne me plains pas, tu m'as donné des fils! dans ta bonté tu m'as fait plus heureux que Jésus; ils sont mes *enfans*, et non mes *disciples*. Je ne te dirai donc pas : mon PÈRE, pourquoi m'avez-vous abandonné? Ils m'aiment; j'attendrai.

Je suis plus heureux que St Simon; tu l'avais livré à la *solitude* pour lui en montrer le *néant*, et notre Maitre a désespéré; mais moi, mon PÈRE, comment pourrais-je désespérer? tu m'as tiré de la *solitude*, et tu m'as donné des *enfans;* oh! je suis bien de toi, je suis bien à toi, ta vie est en moi; ils m'aiment!

J'ai foi, PÈRE, j'attendrai.

ANGERS. IMPRIMERIE DE ERNEST LE SOURD.

www.ingramcontent.com/pod-product-compliance
Ingram Content Group UK Ltd.
Pitfield, Milton Keynes, MK11 3LW, UK
UKHW021132230726
13926UKWH00002B/756